肉も野菜も

JA全農米穀部さんの
かんたん
健康ごはん

監修 JA全農米穀部

はじめに

　私たち、ＪＡ全農米穀部は、農家さんが作った全国のお米を消費者のみなさんにお届けしています。またさらに、お米の消費を促進することにも取り組んでいます。お米のおいしいレシピや情報を届けるために、2017年3月にＸ（Twitter）のアカウント（@noricenolife17）を開設したのも、その取り組みのひとつ。Ｘのアカウント名は「NO RICE NO LIFE」です。日本人にとって、お米は存在することが当たり前で、食卓では"脇役"になりがちですが、お米ほど数多くの食材と相性がよいものはほかにないと思います。食べ方やほかの食材との組み合わせは無限大。Ｘではお米の新たな楽しみ方を提案しています。徐々に、ユーザーのみなさんから「作ってみます！」「○○とも合いそう！」といったうれしい反応を、いただけるようになりました。

レシピを発信する際に心がけているのは
・「気軽・時短」—身近な食材で無理なく短時間で作
　れる
・「旬の食材を使う」——一番おいしい旬の素材を取り
　入れる
・「材料を無駄にしない」—余らせがちな野菜などを
　使いきる

パックごはんを使ったレシピには、大きな反響があり
ました。リモートワーク日の1人分ランチ用に考えた
メニューで、パックごはんをそのまま使うためお皿は
不要。手間のかかりがちなメニューが5分で簡単にで
きる点が、みなさんのニーズに合ったのだと思います。
Xの投稿へのユーザーのみなさんからの感想やご意見
も参考に、日々お米と向き合い、お米をこよなく愛す
る米穀部メンバーが、少しでもみなさんのお役に立て
たらと、レシピとお米の情報をまとめたのが本書で
す。日本の食に欠かせない体にいいお米を、これから
もおいしく食べていただきたい、という願いを込めて
お届けします。日々の献立にぜひ利用してください。

1章 体にいいからもっと食べたい
お米のきほんをおさらい

2章 炊き込み、おかゆ
炊飯器まかせのごはん

おかずも兼ねる炊き込みごはん

3章　パエリア、ピラフ、リゾット
フライパン1つでできるごはん

お米から調理

4章　ピンチのときに
電子レンジで超速パックごはん

5章　ちゃんとバランス献立
おにぎりとみそ汁・スープ

6章　作りおきのたれでパパっと
白いごはんに合うおかず

Column

デザイン・イラスト：仲島綾乃
撮影：和田真典
スタイリング：井口美穂
イラスト（P22）：野村俊夫
レシピ協力：三好弥生
DTP：Office SASAI
校正：麦秋アートセンター
編集協力：細川潤子
編集：原田裕子（KADOKAWA）

ＪＡ全農米穀部とは、どんなところ？

　　スーパーの野菜売り場などでもよく見かける「ＪＡ」マークですが、ＪＡとは、農業協同組合（Japan Agricultural Cooperatives）を略した愛称。相互扶助の精神で農家の営

農と生活を支え、よりよい社会を築くことがＪＡグループの使命です。その中で全国の連合会として農畜産物の販売や、肥料や農薬といった生産に関わる資材の供給など、経済事業に携わっているのがＪＡ全農（全国農業協同組合連合会）です。

農家さんが作ったお米を消費者に届けるのが仕事

　　全農の「お米」担当が米穀部。農家のみなさんが丹精込めて作ったお米を、米卸売業者、米加工メーカー、レストランやスーパーマーケットなどを通じて消費者のみなさんに届けることが、米穀部の仕事です。お米を作る農家が減る中で、この先も安心してお米を作り続けられるように、お取引先をみつけたり、パックごはん等の新しい商品を開発・販売するなど、幅広い取り組みを行っています。

お米に関する情報やレシピも発信

　　また、お米の消費をふやすことも大事な仕事。日本のお米をおいしく、楽しく、たくさん食べていただくために、Ｘ（Twitter）やWEBサイトなどを通して、お米に関するさまざまな情報を発信しているほか、ごはんレシピやごはんに合う料理を紹介しています。Ｘ「【ＪＡ全農】NO RICE NO LIFE」（@noricenolife17）では、お米をよく知る米穀部メンバーならではの、ごはんをおいしく食べられるレシピが反響を呼んでいます。

この本のレシピのルール

○お米は調理前に洗って、30分以上浸水してから炊きます。
　（洗い方、浸水についてはP24、25参照）

○お米を洗わずに炊く場合は、
　レシピ内に明記してあるのでそれに従ってください。

○お米1合は180mlのカップを使い、すりきりで量ります。

○お米2合で約4人分が目安。
　具を加えた炊き込みごはんやパエリアなどは、
　その分ボリュームが出るので、食べる量を考えて調理してください。
　2合のお米をフライパンで炊くレシピでは、
　直径26cmのフライパンを使用しています。

○パックごはんは180g、500Wまたは600Wの電子レンジで
　約2分加熱するものを使用しています。
　パックごはんの加熱時間は商品によって異なります。
　パッケージの表示を確認してから加熱してください。

○火加減は特に記載がない場合は中火です。

○みそ汁のだし汁はお好みのもので。
　顆粒だしの素を湯で溶いて使ってもよいです。

○たれの保存期間は目安です。
　保存容器は清潔なものを使用してください。

○小さじ1は5ml、大さじ1は15ml、1カップは200mlです。
　調味料の分量が記載されていないレシピは、味をみて調味してください。

○砂糖は上白糖、しょうゆは濃口しょうゆ、みそはお好みのもので。
　しょうゆやみそは商品によって塩分が違うので、
　味をみて量を加減してください。

○電子レンジの加熱時間は600Wのものが基準。
　500Wなら約1.2倍、700Wなら約0.9倍の時間で加熱します。

○オーブントースターの加熱時間は標準的な機種を目安にしています。

※本書のレシピの一部は「JA全農米穀部公式X (Twitter)【JA全農】NO RICE NO LIFE」より引用しています。

1章

体にいいからもっと食べたい

お米のきほんを
おさらい

お米は体に脂肪をため込みにくい
糖質のほか、
たんぱく質やミネラルも含む
栄養的にすぐれた主食です。
お米をおいしく食べるために、
知っておきたいことをまとめました。

1 どんな料理にもマッチする

主食として和洋中のさまざまな料理に合います。炊き込みやパエリアなど具といっしょに炊くと、うまみを吸ったごはんのおいしさが味わえます。

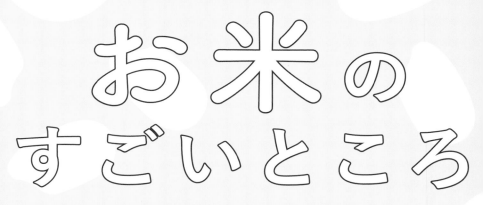

お米の
すごいところ

日々、主食として食べているお米。
あらためてお米に注目してみると、
よいところがいっぱいのすごい食材です。

2 パンや麺よりも太りにくい

お米は粒状で噛む回数が多いため、満腹感を得やすく、食べ過ぎを防げます。血糖値の上昇がゆるやかな点もポイントです（P13の4参照）。

3 たんぱく質を含み 栄養価が高い

お米は炭水化物のほか植物性たんぱく質や脂質、ビタミン、ミネラルなどを含む、栄養的にすぐれた食材です。

4 お米の糖質は 血糖値の上昇が ゆるやか

脳のエネルギーになるのはほぼ糖質。お米の糖質は吸収に時間がかかるため血糖値の上昇がおだやか。体に脂肪をため込みにくいという特性があります。

5 アレルギーが少ない

小児期の食物アレルギーで卵、牛乳に次いで多いのが小麦。米アレルギーもありますが、割合としてはかなり少ないです。

お米が体にいいワケ

お米は炭水化物以外にもいろいろな栄養素を含み
粒の状態で食べることで体にいい点もいっぱい。

栄養指導／牧野直子
管理栄養士、料理研究家／（有）スタジオ食代表

ごはん茶碗1杯に
たんぱく質3gで栄養価が高い！

　お米は体のエネルギーとなる炭水化物のほか、たんぱく質、脂質、ビタミン類、ミネラルが含まれた、栄養価の高い食品です。

　中でも注目すべきはたんぱく質です。1日のたんぱく質の必要量は体重1kg当たり1g。体重が60kgの人なら1日60gが必要ということになります。ごはん茶碗1杯（150g）に含まれているたんぱく質は3gです。1食の必要たんぱく質が20gとして、そのうちの3gがごはんからとれることになります。糖質制限をしすぎると、たんぱく質が不足する可能性もあります。

咀嚼回数約600回で食べすぎ防止に

　お米は粒状で、粒状のまま食べるので、小麦粉などの粉状の食品に比べて噛む回数が多くなります。

　パン1枚の咀嚼回数は約390回。それに対して白米ごはん茶碗1杯は約585回、玄米ごはんなら茶碗1杯約600回も噛むことになります。噛む回数が多いほど満腹感を得られやすく、食べすぎ防止になります。したがって肥満のコントロールにつながります。

パン食より血糖値の上昇がゆるやか

　粒状の食品のほうが粉状より消化吸収がゆっくりなので、血糖値の上昇もゆるやかになります。血糖値が急上昇すると体に脂肪をため込みやすくなり、動脈硬化などのリスクも高まります。主食としてお米を食べることには、大きなメリットがあるのです。

パン・麺類より塩分を控えやすい

　お米を炊く際は、調味料を一切使う必要がありません。一方、パンには塩分や、ものによっては油脂などが含まれ、うどんなどの麺類にも塩分が含まれています。**お米をそのまま炊いた白いごはんには塩もほかの調味料も入っていない**ので、塩分を気にすることなく、おかずを選ぶことができます。

ヘルシーな和食と相性がいい

　脂質が少なく、健康によいとされる「まごはやさしい」＝ま（豆）、ご（ごま）、わ（わかめ・海藻）、や（野菜）、さ（魚）、し（しいたけ・きのこ）、い（いも）食材との組み合わせ、いわゆる昔ながらの和食との相性がよいのもお米の利点。**不足しがちな食物繊維、ビタミン、ミネラルがとれる**ので、無理なくヘルシーな食事になります。

！ここに注意

かつてはごはん中心の和食献立は塩分のとりすぎに注意と言われていましたが、いまのおかずは以前に比べて減塩傾向なので、気にしすぎなくても大丈夫。ただし、漬けものやごはんのお供といわれる加工品などには塩分高めのものが多いので、それらのとりすぎには気をつけましょう。

糖質オフがブームになってから、敬遠されがちなお米ですが欠かせない食材としてより体にいい食べ方を知っておきましょう。

Q お米などに含まれる糖質のよいところは？
A 糖質は脳のエネルギー源

体を動かすためのエネルギー源はたんぱく質などほかの栄養素でも代わりになりますが、脳にとってのエネルギー源はほぼ糖質です。

私たちが食べたエネルギーの25％は脳で使われています。一般的な女性の1日に必要な栄養摂取量1600kcalのうち400kcalが脳で使われると考えられ、その場合、1日100ｇ、1食約30ｇの糖質が必要になります。

この1食30ｇをごはんに換算すると100ｇぐらい。ということは、最低でも1食に100ｇ相当のごはん茶碗小盛り1杯か、コンビニのおにぎり1個は食べないと、正常な脳の機能が維持できません。不足すると集中力がなくなったり、血糖値が下がりすぎることもあります。

Q 白米より玄米や雑穀米がいい？
A おかずが充実していれば白米でOK

お米には、白米以外に玄米、胚芽米、雑穀米などがあり、不足しがちなビタミン・ミネラル、食物繊維などが主食で補える、と健康志向が高い人たちから人気です。ただ、それらを食べないと栄養的に劣るというわけではなく、おかずが充実していれば白米でもトータルでは差がありません。日ごろから食生活があまり充実していない、という人はとり入れてみても。

栄養豊富な玄米や雑穀米でも、食べすぎに注意するのは白米と同様です。

Q ごはん代わりに
　　　お菓子を食べればいい？
A 糖質の種類が違うので避けて

　炭水化物の中に含まれる糖質は、大きさ（分子量）によって分類されます。いちばん小さな糖の単位が単糖類。代表はブドウ糖で、体への浸透性に優れています。二糖類は単糖が2つ結びついた糖。砂糖やトレハロースなどが代表です。そして10個以上の単糖が結びついたものが多糖類。お米に含まれるでんぷんが代表例です。浸透がゆっくりで、吸収に時間がかかるため、血糖値の上昇はほかの糖類よりゆるやかです。

　血糖値の上昇がゆっくりなほど体重の増加や、内臓脂肪の増加のリスクが軽減されます。糖質オフなどでカットしたほうがいいのは、ごはんより吸収の早い二糖類の砂糖や、清涼飲料水に含まれる単糖類のブドウ糖や果糖などです。

Q 遅い夕食ならごはんは
　　　食べないほうがいい？
A 「分食」をおすすめします

　仕事などで夕食の時間が午後8〜9時になるなら、午後3〜4時にかるくコンビニのおにぎり1個などを食べます。夜遅くまで何も食べないでいると集中力がなくなり、頭も働かなくなります。適切な間隔で糖質をとったほうが、血糖値の上がり下がりが安定してよいのです。夕食時にはおかずだけを食べる「分食」にしましょう。

　血糖値が急に上がらないように先に野菜を食べるとよい、と言われますが、そもそも長い時間、空腹状態だったあとに食べると、血糖値のはね上がり方が大きくなり、余計にはね上がった部分が中性脂肪として体にたくわえられてしまいます。夜遅くにしか食事がとれない方は、食べ方を見直してみてください。

お米の最新研究

体によい働きをする
お米の力が
新たに発見されています。

お米のでんぷん成分が
腸内環境を改善

早川享志（たかし）　岐阜大学　名誉教授

食物繊維のような働きをする「レジスタントスターチ」

　最近の研究で、お米に含まれるでんぷん成分が小腸で消化・吸収されず、大腸にまで到達し、腸内環境を整えることがわかってきました。そのでんぷん成分が、最近話題の難消化性でんぷん「レジスタントスターチ」です。お米のほか、とうもろこし、じゃがいもなどにも含まれています。

　消化されにくい性質から、食物繊維のように便秘を予防する整腸効果や、血糖値やコレステロール値の上昇を抑える効果などがあり、腸内環境によい影響を与えるとされています。

2種の食物繊維の両方の利点を兼ね備える

　食物繊維は水溶性食物繊維と不溶性食物繊維があり、それぞれ特徴が違います。ネバネバ系の野菜やいも、海藻などに含まれる水溶性食物繊維は血糖値の上昇をおだやかにし、腸内の善玉菌を活性化します。一方、大豆や穀類、きのこなどに含まれる不溶性食物繊維は便を増やし、糖や脂肪の排出を促す働きがあります。

　レジスタントスターチはこれら水溶性食物繊維、不溶性食物繊維両方の特徴を兼ね備えています。つまり、お米を食べることで、食物繊維すべての効果が得られるというわけです。

でんぷんは食物繊維より大腸がんの予防効果あり

　日本人の大腸がんの発生率はとても高く、食事との関連が深いといわれています。脂質・たんぱく質の摂取量と大腸がんの発症率は比例しているので、近年の欧米化した食事が大腸がんの発症を促すと考えられます。一方、でんぷん・食物繊維の摂取量と大腸がんの発症率は反比例するので、これらを多くとり入れた食生活が大腸がん予防に効果があると考えられるのです。

　でんぷん、食物繊維については、下の表のように食物繊維に比べてでんぷんのほうが、より大腸がん発症のリスクを抑えられることがわかります。この結果はでんぷんのレジスタントスターチの働きに起因しています。また、レジスタントスターチは乳酸菌の一種であるビフィズス菌などの増殖を促進するプレバイオティクス※としての効果もあります。

　以上から、お米に含まれているレジスタントスターチは、大腸環境をさまざまに整える効果があると期待されています。

※プレバイオティクス…食べても胃や小腸で分解・吸収されずに大腸に到達し、微生物のえさになる食品成分。

各種食事成分と大腸がんの発症率の相関関係

食事成分	相関係数（男性）
でんぷん	-0.86 $(P < 0.001)$
食物繊維	-0.7 $(P < 0.05)$
非でんぷん多糖	-0.37
脂質	0.56 $(P < 0.05)$
たんぱく質	0.63 $(P < 0.05)$

引用元：Cassidy Aほか
Starch Intake and colorectal cancer risk :an International comparison.
Br.J.Cancer Vol.69,937-942(1994)

脂質・たんぱく質の摂取量と大腸がん発症率とは正の相関があり、食物繊維・でんぷんの摂取量とは負の相関がある。食物繊維よりでんぷんのほうがより負の相関が強く、大腸がんの発症抑制に対してより有効であることがわかる。

お米の成分が コレステロール値を 下げる

山本祐司　東京農業大学 応用生物科学部教授

お米のたんぱく質がコレステロールの代謝を促す

　食生活の欧米化や運動不足などから、メタボリックシンドロームになる人が増えています。メタボリックシンドロームによって引き起こされる動脈硬化症は、血管壁にコレステロールが蓄積し、血管をふさぐことで起きます。高コレステロールは動脈硬化性疾患の大きな要因です。

　最近、お米に含まれている成分が肝臓の遺伝子を活性化し、コレステロールから胆汁酸に代謝を促すことが解明されました。胆汁酸に代謝を促すお米の成分のひとつは、消化されにくいたんぱく質である「レジスタントプロテイン」であると考えられます。

メタボや動脈硬化症のリスクを減らす可能性も

　胆汁酸はコレステロールとして再吸収されることを抑え、肝臓や血液中のコレステロール値を下げる機能を持つ可能性もあります。したがって、お米はメタボリックシンドロームや動脈硬化症などのリスクを減らすことができると期待されています。

　肥満ラットモデルを用いた実験では、白米、玄米を食べたラットに肝臓コレステロール値の減少が認められました。これによって白米、玄米には血清コレステロールと肝臓脂質コレステロールを低減する効果があることがわかりました（P21の図参照）。

お米のたんぱく質が
腸内の余分な脂質や油分を体外に排出

　また、白米からのたんぱく質の抽出物を摂取すると、血中および肝臓コレステロール値が減少するという報告もあります。それは胆汁の代謝促進のときと同様に、お米に含まれているレジスタントプロテインの影響を受けているのが要因と思われます。

　レジスタントプロテインは腸内で消化されにくいたんぱく質なので、食物繊維のように腸内に残っている余分な脂質や油分を吸着して体外に排出する働きがあります。この働きによってコレステロール値は減少します。

　さらに肝臓中のコレステロール量の減少によってコレステロール代謝遺伝子も変動していることがわかり、影響は遺伝子レベルにまで及んでいる可能性があります。

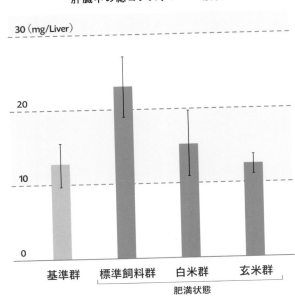

肝臓中の総コレステロール濃度

標準飼料群に比べて白米群、玄米群ともに肝臓コレステロール値の有意な減少がみられた。

朝食が米食の子どもは パン食より 脳の成長が優位

川島隆太　東北大学加齢医学研究所所長・教授

脳細胞が成長し、 認知機能が高いごはん食

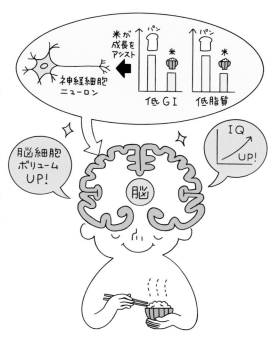

　脳の発達には学童期の食事が重要で、特に朝食に何を食べるかによって、ものごとを理解したり、判断したりするのに必要な機能の発達に影響を及ぼすと考えられています。最近、お米が脳の栄養となる糖質を効果的に与え、神経細胞（ニューロン）を活性化することがわかってきました。

　5歳から18歳の健康な子どもを対象に、朝食の主食の種類と、ニューロンのある「灰白質」※の体積と、IQ（知能指数）の関連性を解析したところ、朝食に白米ごはんを食べている群では、パンを食べている群より数値が高く、脳細胞の成長と認知機能に与える影響が大きいことが明らかになりました（P23の表）。これらの原因として、白米ごはんはパンを食べたときより血糖値の上昇が小さいこと、脳の成長を抑える脂質もパンより少ないことが考えられます。

※灰白質（かいはくしつ）…脳の中枢神経の内部で神経細胞が多数密集している部分。

糖質を脳と体に効率よくとり入れられるのが米食

食後血糖値の上昇を示す指標の GI（グリセミックインデックス）値が低い「低GI食品」には糖尿病の発症リスクを減らすなど、さまざまな可能性があります。脳への影響もそのひとつ。GI 値の低い食品のほうが、高い食品よりも血糖値の上昇がゆるやかでその後安定するので、糖質を体と脳に安定的に効率よくとり入れられます。白米ごはんの GI 値は精白パン※より低いので（白米ごはん：精白パン＝68：100）、パン食より米食のほうが糖質を効果的にとり入れられます。また、白米ごはんはパンより脂質の含有量が少ない点にも注目。高脂肪食は脳の成長を低下させる要因のひとつでもあるからです。パン食より低 GI・低脂質の米食は脳細胞の成長を促します。

※精白パン…精製した小麦粉から作られたパン。

10〜15歳は脳の成長のために特に米食で糖質をとりたい

脳が消費する糖質の大部分はニューロンを安定状態にするために使われるので、ニューロンのために効率よく糖質をとる必要があります。ニューロンのシナプス※は前青年期（10〜15歳）に増加するので、その年代では脳の糖代謝率が成人に比べて2倍も高くなります。つまり、効率的に糖質をとり入れることは、脳の成長にとってとても重要なのです。子どもの脳のためにもごはんを中心にしたバランスのよい食事を心がけましょう。

※シナプス…神経細胞同士が連絡する接合部のこと。

	米食 (152人)	米食＋パン食 (87人)	パン食 (51人)
石灰質比	0.521 (0.017)	0.516 (0.018)	0.512 (0.018)
全検査IQ	103.7 (12.52)	102.0 (11.90)	99.9 (12.21)
言語性IQ	104.7 (13.93)	103.7 (13.93)	100.3 (11.91)
動作性IQ	102.1 (12.25)	99.5 (12.64)	99.6 (14.32)
知覚統合 指標	102.3 (13.71)	100.3 (12.72)	97.9 (14.30)

＊括弧内は標準偏差

ごはん群、ごはん＋パン群、パン群の各数値（灰白質比、IQ）

IQと朝食の主食の関係における調査では米食の全検査IQ（総合的な知的能力）がパン食より高く、知覚統合指標（視覚情報を認識する能力）も同様に米食がパン食より高い結果になっている。

おいしくお米を食べるために

炊きたてのおいしいごはんを、
もっとおいしくするために基本をおさらいしましょう。

お米を洗う

1 1合のカップを使い、すりきりで計量したお米をボウルに入れ、
水を流し入れたら底から2〜3回かき混ぜる。すぐに水を捨て、
指を立てて、力を入れすぎず、シャカシャカとかき混ぜるように
して洗う。

Point

・洗い落としたぬかが
　再びお米に吸収されないよう、
　1回目の洗いは手早く。

・力を入れてといだり、
　泡立て器でかき混ぜるのはNG。

・冬でも湯で洗うのはNG。
　湯は吸収されやすいので、
　ぬかのくさみを吸ってしまう。

2 再び水を入れ、にごったとぎ汁はボウルの底にたまりがちなので、
底のほうから軽くかき混ぜて捨てる。これを2〜3回行う。

Point

・水が透明になるまで洗うと
　お米のうまみも流れてしまうので、
　水が薄い乳白色になればOK。

お米は乾燥しているので、最初の水を一気に吸収してしまう。
水道水を使うのが気になる人は、1回目に洗う水を浄水やミネラルウォーターに。

お米を炊く

〈炊飯器で炊く〉-------

1 お米の容量の1.2倍の水で炊く。お米の量に合わせた内釜の目盛りまで水を注ぐ。

Point
・水の量を見るときは、内釜を平らな場所に置く。
・水の量は好みで加減してもよい。

2 30分以上浸水して、スイッチを入れる。炊き上がったらしゃもじで底からごはんを返すようにしてほぐす。

※炊飯器で炊く時間に浸水時間や蒸らし時間も含まれている場合が多い。取扱説明書で確認して。

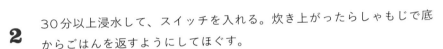

Point
・十分に浸水させると芯までふっくら炊き上がる。水の冷たい冬は浸水時間を長めに。

〈鍋で炊く〉-------

30分以上浸水する。ふたをして中火～強火にかけ、沸騰してふたの周囲から泡が出てきたら火を弱め、15分ほど炊く。最後に5秒ほど強火にして火を止め、10～15分蒸らす。

Point
・炊いている間は絶対ふたをとらない。
・最後の強火でおこげができる。

もっと知りたい お米 Tips

知っておくと役立つお米の豆知識をお伝えします。

余ったごはんの 冷凍法は？

次の食事で食べるなら炊飯器の保温機能を使いますが、長時間、保温すると味や食感が落ちてしまうので、翌日以降に食べるなら冷凍しましょう。

1　炊きたてのごはんをお茶碗1杯程度の小分けにしてラップで包み、平らにします。湯気ごとラップで包むほうが解凍後のごはんがふっくらと仕上がります。
2　粗熱がとれたら、冷凍用保存袋に入れて冷凍室へ。二重に包んだほうがにおい移りや乾燥を防げます。

解凍は電子レンジでOK。冷凍保存の場合でも1週間を目安に食べきりましょう。

お弁当用にさめても おいしく食べるには？

お弁当のごはんは、食べるときまでおいしさを保ちたいもの。ごはんを炊くときに米1合に対してオリーブ油、はちみつ、みりんなどを小さじ½加えると、お米がコーティングされて水分が逃げにくくなり、さめてもぱさつかないごはんになります。

暑い夏場の炊飯法は？

食中毒は水分、栄養、温度の３つの要素で発生しやすく、お米を吸水させている時間は水分と栄養がそろうため、菌が繁殖しやすい状態です。暑い季節はお米を炊くときの予約時間が３〜４時間を超えないようにしましょう。予約時間が長めのときは、冷水で米を洗い、お米の上に氷をのせてから冷水を注ぐと水温が低い状態が長く保てます。

お米１合に対して酢大さじ½、または梅干し１個をちぎって加えても効果があります（酢や梅干しの風味が残ります）。

お米の賞味期限はいつまで？

お米は生鮮食品に分類されるので、消費期限や賞味期限は設けられていません。精米時期は袋に記載されています。お米の鮮度は精米したときから日に日に落ちていくので、おいしく味わえるのは精米後１〜２カ月後まで。春・秋は１カ月以内、冬は２カ月以内、夏は冷蔵庫で保存の上、なるべく早く食べきりましょう。

玄米は精米していない分、劣化が遅く、家庭でも適切に保存すれば半年〜１年はおいしく食べられます。

お米のおいしい保存法は？

お米の袋には空気抜き用の小さな穴があいているので、におい移りやカビの発生などを防ぐために、密閉容器に移し替えるか、袋ごと密閉容器に入れて保存します。お米はにおいを吸着しやすいので、においのつきにくいガラスやプラスチックの容器、ペットボトルなどが適しています。

保存場所は高温・多湿・直射日光を避けた、涼しいところに。においの強い食材や洗剤のそば、シンク下などは避けて。夏場は冷蔵庫での保存がおすすめです。温度がほどよい野菜室が適していますが、冷蔵室でもＯＫ。

もっと知りたい お米 Tips

米粉ってどんなもの？

米粉とは、お米を細かく砕いて粉状にしたもの。もち米から作る白玉粉
や、うるち米から作る上新粉なども米粉の仲間で、和菓子作りなどに昔
から使われています。

最近、小麦粉の代わりにお菓子やパン作りなどに米粉を使うことが注
目されています。小麦に含まれるグルテンに対してアレルギーがある
場合でも、米粉はグルテンフリーなので安心して食べられます※。また、
米粉でパンやお菓子を作るともちもちした食感になるので、その食感
を生かしたメニューも楽しめます。

水に溶けやすくてダマになりにくく、油の吸収率が低いので揚げもの
のころもに使うとカラっと揚がる、など料理にも活用できます。

※商品によっては小麦粉やグルテンが含まれるものも一部あるので、表示を見て購入してください。

ブランド米って何？

複数の銘柄のお米を混ぜたブレンド米に対して、1種類の銘柄のみのお
米をブランド米といいます。うるち米の銘柄は約320もあり（令和5
年産農産物の産地品種銘柄設定等の状況／農林水産省）、「コシヒカリ」
「ひとめぼれ」「ゆめぴりか」といった名前がついています。

味は甘みが強いものからあっさり味まで、食感はもちもちとしたやわ
らかめのものから、しっかりしたかためタイプまでと、実にさまざま。
好みのほか、料理によってカレーやピラフにはかためのお米、おすしに
はさっぱり味を選ぶなど、使い分けるのもおすすめです。全国47都道
府県のブランド米の特徴が一目でわかるP156の食味マップを参考に
してください。

炊飯器まかせの
ごはん

お米と肉や野菜など、調味料を
すべてお釜に入れたら
あとはスイッチオンでできる、
おかずいらずの充実ごはん。
素材のうまみが詰まったごはんは、
格別のおいしさです。

牛肉とキムチの
うまみがごはんにしみわたる！
食べごたえ満点ごはん

ビビンパ

材料（約4人分）

米…2合

牛薄切り肉…200g
焼き肉のたれ（市販品）
　…大さじ3

豆もやし…½袋（100g）
白菜キムチ…100g
酒…大さじ1
ごま油…大さじ½

作り方

1 牛薄切り肉に焼き肉のたれをもみ込んで10〜15分おく。

2 炊飯釜に洗った米を入れ、ごま油を加えて全体になじませる。酒を入れて、2合の目盛りまで水を加える。**1**の牛肉、豆もやし、キムチを加えて炊く。

3 器に盛り、好みで小口切りにした青ねぎをのせる。刻んだにらを混ぜてもおいしい。

材料を炊飯器に入れるだけ

Point

牛肉にたれをもみ込んで10〜15分おくと味がしっかりなじむ。

使いきれなかったキャベツと
ベーコンさえあれば
りっぱな洋風炊き込みごはんに

キャベツの
炊き込みごはん

材料（約4人分）

米…2合
キャベツ…150g（1/6個）
ベーコン…4枚
洋風スープの素（顆粒）
　…小さじ1
塩…小さじ1/4
粗びき黒こしょう…少々

作り方

1 キャベツはざく切りに、ベーコンは1.5cm幅に切る。

2 炊飯釜に洗った米、キャベツ、ベーコン、スープの素、塩を入れ、2合の目盛りより少なめに水を加えて炊く。

3 炊き上がったら好みでバターを加えて混ぜ、器に盛ってこしょうをふる。

材料を炊飯器に入れるだけ

Point

キャベツから水分が出るので、
炊くときの水は少なめに。

青背の魚の栄養が手軽にとれる。
炊くと甘みが増すたっぷりねぎと
のりの風味であとをひく味

さば缶とのりの
炊き込みごはん

材料（約4人分）

米…2合
さば水煮缶…2缶（約360g）
長ねぎ…1本
焼きのり…2枚
白だし…大さじ2
酒…大さじ1
塩…小さじ½
ごま油…小さじ1

作り方

1 ねぎは小口切りにする。

2 炊飯釜に洗った米、白だし、酒、塩を入れ、ごま油を加えて全体になじませる。さば缶を缶汁ごと、ねぎ、ちぎったのりも入れる。2合の目盛りまで水を加えて炊く。

材料を炊飯器に入れるだけ

Point
さばの風味が苦手な人もねぎと
のりでおいしく食べられる。

レモンの香りがさわやかな
一皿で大満足のごはん。
小松菜はお好きなだけどうぞ

チキンレモンライス

材料（約4人分）

米…2合

とりもも肉…1枚（200g）

国産レモン…½個

小松菜（葉の部分）…5〜10枚

A
| ローリエ…1枚
| バター…15g
| 洋風スープの素（顆粒）
| …小さじ1
| 塩…小さじ½

作り方

1 とり肉は2cm角に切る。レモンは輪切りにする。小松菜は葉を摘む。

2 炊飯釜に洗った米を入れ、2合の目盛りより少なめに水を入れる。**A**の材料を加えて混ぜ、とり肉、レモンをのせて早炊きモードで炊く。

3 炊き上がったら小松菜を入れて再度ふたをし、5分ほど蒸らす。

材料を炊飯器に入れるだけ

Point

アクの少ない小松菜は炊き上がってから炊飯器で蒸らして、しんなりすればOK。

新しょうがでさっぱり、さわやか。
変わりごはんで献立に変化をつけて。
ストック食材で作れるのもうれしい

ツナと新しょうがのごはん

材料（約4人分）

米…2合
ツナ缶…1缶（70g）
新しょうがの酢漬け
　（市販のもの）…100g
にんじん…⅔本
酒…大さじ1
しょうゆ…大さじ2

作り方

1 新しょうがは小さめの角切りにする。にんじんはみじん切りにする。

2 炊飯釜に洗った米、ツナ缶を缶汁ごと、新しょうが、にんじん、酒、しょうゆを入れ、2合の目盛りまで水を加えて炊く。

3 器に盛り、好みで斜めに切った青ねぎを添える。

\材料を炊飯器に入れるだけ/

Point

新しょうがの季節には生のものを使っても。酢漬けはスーパーにある商品でOK。

下味に漬けておいた
歯ごたえプリプリのたこ＆
たこのうまみを吸ったごはん

たこめし

材料（約4人分）

米…2合

ゆでだこ…200g

漬けだれ

| しょうゆ、酒、みりん
　…各大さじ2
おろしにんにく…小さじ½
おろししょうが…小さじ½

三つ葉…10本

だしの素…小さじ1

塩……小さじ1

作り方

1 たこを食べやすい大きさに切る。保存用袋に漬けだれの材料を合わせ、たこを入れて半日漬ける。三つ葉は葉と茎に分け、茎は2cm長さに切る。

2 炊飯釜に洗った米、たこを漬けだれごと、だしの素、塩を入れて、2合の目盛りまで水を加えて炊く。

3 炊き上がったら三つ葉の茎を混ぜる。器に盛り、三つ葉の葉をあしらう。

材料を炊飯器に入れるだけ

Point

たこをたれに漬ける時間が長いので、それを見こして下ごしらえをして。

炒めて作るよりも
より手軽に作れて
味がまんべんなくなじむ

チキンライス

材料（約4人分）

米…2合
とりもも肉…100g
冷凍ミックスベジタブル
　…40g

A
|　バター…10g
|　ケチャップ…大さじ2
|　オイスターソース…小さじ½
|　洋風スープの素（顆粒）
|　　…小さじ1
|　塩…小さじ½

作り方

1　とり肉は小さめの一口大に切る。

2　炊飯釜に洗った米、とり肉、凍ったままのミックスベジタブル、**A**の材料を入れ、2合の目盛りまで水を加え、さっと混ぜてから炊く。

\材料を炊飯器に入れるだけ/

卵でくるめば
オムライス

溶き卵2個分を油大さじ1をひいたフライパンに流し入れ、半熟程度まで火を通す。温かいチキンライス茶碗1杯分を入れて、卵で包む。好みでケチャップをかけて。

季節の味をゆでたけのこで手軽に。
油揚げや白だしを加えて
うまみを補って

たけのこごはん

材料（約4人分）

米…2合

ゆでたけのこ…½本

油揚げ…½枚

白だし…大さじ2

酒…大さじ1

塩…小さじ½

ごま油…大さじ1

作り方

1 たけのこは4つ割りにしていちょう切りにする。油揚げは横半分に切って、細切りにする。

2 炊飯釜に洗った米、白だし、酒、塩を入れ、ごま油を加えて全体になじませる。2合の目盛りまで水を加える。たけのこと油揚げをのせて炊く。好みで三つ葉を添える。

材料を炊飯器に入れるだけ

Point

旬の時季に出回る、新ものの
ゆでたけのこがおすすめ。

辛みが少なくてみずみずしい
新玉ねぎを丸ごと炊き込んで。
塩昆布でうまみをプラス

新玉ねぎの炊き込みごはん

材料（約4人分）

米…2合
新玉ねぎ…1個
塩昆布（市販のもの）
　…20g
青ねぎ…適量

作り方

1 新玉ねぎは放射状に8等分に、深く切り込みを入れる。

2 炊飯釜に洗った米を入れ、2合の目盛りまで水を加える。まん中に玉ねぎを置いて炊く。

3 炊き上がったら塩昆布を加え、玉ねぎをほぐすようにして混ぜる。器に盛り、小口切りの青ねぎを散らす。

| 材料を炊飯器に入れるだけ |

Point

あとから加えた塩昆布が新玉ねぎの甘みをぐっと引き出す。

甘みのあるかぼちゃに
塩けのあるベーコンが合う。
調味料は塩だけでOK

かぼちゃの
炊き込みごはん

材料（約4人分）

米…2合
かぼちゃ…200g
ベーコン…3枚
塩…小さじ1

作り方

1 かぼちゃは1.5cm角に切り、ベーコンは1cm幅に切る。

2 炊飯釜に洗った米、塩を入れて、2合の目盛りまで水を加えて混ぜる。かぼちゃ、ベーコンも加えて炊く。

材料を炊飯器に入れるだけ

アレンジ

油にクミンシードを入れて香りが立つまで熱し、炊飯釜に油ごと加えてから炊くと、スパイシーなかぼちゃごはんになる。スパイスが家にあったらぜひお試しを。

仕上げのバターとしょうゆで
焼きとうもろこし風に。
はじける食感も楽しいごはん

とうもろこしごはん

材料（約4人分）

米…2合
とうもろこし…1本
塩…小さじ½
バター…20g
しょうゆ…大さじ1

作り方

1 とうもろこしの実を包丁でそぎとり、芯は長さを3等分に切る。

2 炊飯釜に洗った米と塩を入れ、水を2合の目盛りまで加えて混ぜる。とうもろこしの実と芯をのせて炊く。

3 炊き上がったら芯を除き、バターとしょうゆを加えて混ぜる。

材料を炊飯器に入れるだけ

Point

香りやうまみが出るので、芯もいっしょに炊き込んで。

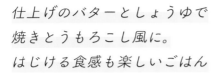

もっちり食感のおこわが
切りもちを使ってできる
とっておきワザ！

きのこのおこわ

材料（約4人分）

米…2合

切りもち…1枚

まいたけ…1パック

えのき…1袋

油揚げ…¼枚

A ┤
酒…大さじ1
塩…小さじ1
しょうゆ…大さじ2
だしの素…小さじ½

作り方

1 もちは1㎝角に切る。まいたけは食べやすく裂く。えのきは根元を切り落としてほぐす。油揚げは細切りにする。

2 炊飯釜に洗った米と**A**の材料を入れて混ぜる。**1**も入れて、水を2合の目盛りまで加えて炊く。

｜材料を炊飯器に入れるだけ｜

Point

小さく切ったもちを加えて、
おこわのようなもちもち食感に。

ほっとするやさしい味わい。
お好みでバターをのせるのも
コクが加わるのでおすすめ

鮭の炊き込みごはん

材料（約4人分）

米…2合
│ 生鮭…2切れ
│ 牛乳…大さじ3
しめじ…40g
白だし…大さじ2

作り方

1 鮭は牛乳につけて5分おく。

2 炊飯釜に洗った米と白だしを入れ、水を2合の目盛りまで加え、汁けをふいた鮭としめじも加えて炊く。

3 炊き上がったら鮭を取り出し、骨と皮を除いて戻し、混ぜる。器に盛り、好みでバターをのせて塩で味をととのえる。

材料を炊飯器に入れるだけ

Point

鮭を牛乳につけておくと、生臭さがとれる。

コンビニにもある甘栗で
栗の皮をむく手間をかけずに
ほっこりごはんが楽しめる

甘栗で栗ごはん

材料（約4人分）

米…2合
五穀米…1袋（12g）
甘栗（皮むき）…2袋（130g）
塩…小さじ1

作り方

1 炊飯釜に洗った米と五穀米、塩を入れ、水を2合の目盛りまで加え、甘栗も加えて炊く。

材料を炊飯器に入れるだけ

Point

栗の素朴な甘みに五穀米がよく
合う。シンプルな栗ごはんにし
たければ、白米のみで炊いて、
ごまをふってどうぞ。

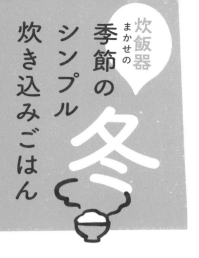

このごはん、焼き肉とベストマッチ。
甘みとジューシーさの加わった
ごはんに肉とキムチをのせたら
箸が止まらない！

大根の炊き込みごはん

材料（約4人分）

米…2合
大根…5cm
酒…大さじ1
塩…小さじ1
ごま油…大さじ1

作り方

1 大根は1.5cm角くらいの角切りにする。

2 炊飯釜に洗った米とごま油を入れ、全体になじませる。酒、塩も入れ、水を2合の目盛りまで加えて混ぜる。大根も加えて炊く。

材料を炊飯器に入れるだけ

Point

旬の大根なら、シンプルに大根だけでおいしくなる。

しっとりとほくほく、
違った食感を組み合わせて。
子どもも大好きな変わりごはん

りんごとさつまいもの
ごはん

材料（約4人分）

米…2合
りんご（あれば紅玉）…小1個
さつまいも…1本（200g）
酒…大さじ1
塩…小さじ1
オリーブ油…小さじ1

作り方

1　りんごとさつまいもは皮つきのまま1.5cm角に切り、さつまいもは5分ほど水にさらして水けをきる。

2　炊飯釜に洗った米とオリーブ油を入れ、全体になじませる。酒、塩も入れて、水を2合の目盛りまで加えて混ぜる。りんごとさつまいもも加えて炊く。

材料を炊飯器に入れるだけ

Point

オリーブ油を入れると、水分の多いりんごを炊き込んでも、べちゃっとせずに歯ごたえがよくなる。

冬

台湾の人気朝ごはんを再現。
おかゆモードを使えば
炊飯器まかせで完成します

シェントウジャン風
おかゆ

材料（2〜3人分）

米…1合

手羽元…4本

しょうがの薄切り…2枚

ごま油…小さじ1

とりガラスープの素…小さじ1

しょうゆ…小さじ1

酒…大さじ1

香菜の根（または長ねぎの青い部分）

　　…適量

　　豆乳（無調整）…1カップ

　　酢…小さじ2

塩…小さじ1

作り方

1 炊飯釜に洗った米とごま油を入れて全体になじませる。とりガラスープの素、しょうゆ、酒も入れる。水をおかゆの1合の目盛りまで加え、手羽元としょうが、香菜の根（または長ねぎの青い部分）も加えて、炊飯器のおかゆモードで炊く。

2 炊き上がったら、炊飯釜に温めた豆乳と酢を入れてかるく混ぜ、塩で味を調える。

3 器に盛り、好みでラー油をかけ、香菜を添える。

材料を炊飯器に入れるだけ

Point

豆乳と酢を加えると、
豆乳がゆるく
かたまる。

材料（2〜3人分）

米…1合
帆立水煮缶…1缶（70g）
ごま油…小さじ2
酒…大さじ1
おろししょうが…小さじ2
とりガラスープの素…小さじ2
塩…小さじ½〜1

帆立の中華がゆ

寝る前に炊飯器にセットすれば
からだにやさしいおかゆが
朝ごはんに食べられる

Point

**前日の寝る前に予約炊飯を
セットして、朝ごはんに。
からだがぽかぽかに温まる。**

材料を炊飯器に入れるだけ

作り方

1 炊飯釜に洗った米とごま油を入れて
全体になじませる。酒を入れて混ぜ
る。帆立缶を缶汁ごととしょうがを
入れ、水をおかゆの1合の目盛りま
で加える。炊飯器のおかゆモードで
炊く。

2 炊き上がったら、とりガラスープの
素を湯1カップで溶いて加え、塩で
味を調える。5分ほど保温する。

3 器に盛り、好みで細かく刻んだザー
サイを添える。

3 章

パエリア、ピラフ、リゾット

フライパン1つで
できるごはん

洋食系のごはんメニューは
フライパンを大活用。
お米とほかの材料すべてを入れたらふたをして、
火にかけるだけ。
パリッと？ もっちり？
水加減で好みのごはんに仕上げましょう。

シーフードミックスから出るうまみを
お米がしっかり吸っておいしくなる。
フライパンのまま食卓にどうぞ

シーフードパエリア

材料（約4人分）

米（洗わない）… 2合

冷凍シーフードミックス
　…1袋（300g）

玉ねぎ…½個

黄パプリカ…1個

にんにくのみじん切り
　…1かけ分

トマトピューレ…大さじ3

酒（または白ワイン）…50ml

オリーブ油…大さじ2

塩…小さじ2

こしょう…適量

Point

米は洗うと炒めたとき
に割れやすくなり、炊き
上がりがべちゃっとし
がちなので洗わず使う。

作り方

1 シーフードミックスは解凍する。パプリカは縦細切りにする。玉ねぎはみじん切りにする。

2 フライパンにオリーブ油とにんにくを入れて火にかけ、香りが立ったら、玉ねぎを入れて炒める。トマトピューレと酒、米を加えて1分ほど炒め、水分を飛ばす。塩、こしょう、水2カップ、シーフードミックスを加え、パプリカを放射状に並べる。

3 煮立ったら、弱めの中火で10分炊き、ふたをしてさらに弱火で10〜15分炊く。最後はふたをとって火を強め、水分をとばす。

材料をフライパンに入れるだけ

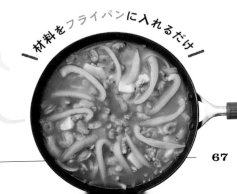

ごはん + 豚バラ + 白菜が最強の組み合わせ。
これ一品で食事になる！

豚肉と白菜の和風パエリア

材料（約4人分）

米(洗わない)…2合
豚バラ薄切り肉…200ｇ
油揚げ…1枚
白菜…200ｇ
酒、みりん、しょうゆ
　…各大さじ2
塩…小さじ½
ごま油…大さじ1

作り方

1 豚肉は2cm幅に、油揚げは横半分に切ってから1cm幅に切る。白菜の芯は5cm長さ、縦1cm幅に切る。白菜の葉は手でちぎる。

2 フライパンにごま油を熱して豚肉を炒め、豚肉の色が変わったら、白菜の芯の部分、油揚げを加えてかるく炒める。米を加えて1分ほど炒め、酒、みりんも加えて水分をとばす。水2½カップを加え、煮立ったらしょうゆ、塩を加えて全体を混ぜる。

3 ちぎった白菜の葉をのせ、ふたをして弱火で15分炊く。水分が残っていたら強火でとばし、火を止めてそのまま10分おく。好みで刻んだ青ねぎを散らしてもよい。

Point
白菜の葉は手でちぎると味がよくしみて、食感もよくなる。

材料をフライパンに入れるだけ！

タイ風のチキンライスはとり肉がしっとりジューシー。
かんたんにごちそう風一皿が完成

カオマンガイ

材料（約4人分）

米（洗う）…2合

　　とりもも肉
　　　…1枚（250〜300g）
　　塩、こしょう…各少々

にんにくのみじん切り…1かけ分

しょうがのせん切り…2かけ分

長ねぎの青い部分…1本分

とりガラスープの素…小さじ1

酒…大さじ1

塩…適量

油…大さじ2

トマトのくし形切り…適量

きゅうりの斜め薄切り…適量

たれ

　　長ねぎのみじん切り…8㎝分
　　酢…大さじ1
　　砂糖…小さじ½
　　塩…小さじ¼
　　ごま油…小さじ1
　　赤唐辛子の輪切り（好みで）
　　　…少々

作り方

1 とりもも肉は塩、こしょうをふる。

2 フライパンに油とにんにくを入れて火にかけ、香りが立ったら米を加えて油が回るまで炒める。水360㎖、とりガラスープの素、酒、塩を加え、とり肉、ねぎ、しょうがをのせ、強火にかける。

3 煮立ったらふたをして弱火で15分炊き、火を止めて10分おく。ねぎは除く。とり肉を食べやすく切り、ごはんとともに器に盛り、トマト、きゅうりを添える。たれの材料を混ぜてとり肉にかけ、好みで香菜をのせる。

Point

ねぎの青い部分とたっぷりのしょうがを入れてとり肉のくさみ消しに。

材料をフライパンに入れるだけ！

じゃこでカルシウム補給、
にんじんのカロテンもたっぷり。
食卓に彩りもプラス

にんじんとじゃこのパエリア

材料（約4人分）

米（洗わない）…2合
ちりめんじゃこ…40g
にんじん…大1本（200g）
油揚げ…1枚
ごま油…大さじ1
みりん…大さじ2
しょうゆ…大さじ2
塩…小さじ½

作り方

1 にんじんの半量は3cm長さの細切りにし、残りはすりおろす。油揚げは横半分に切って1cm幅に切る。

2 熱したフライパンにごま油を入れ、にんじんの細切りを炒める。にんじんがしんなりしたら、ちりめんじゃこと油揚げを加えてかるく炒める。米も加えて1分ほど炒めたら、おろしたにんじんと水2½カップも加える。

3 煮立ったらみりん、しょうゆ、塩を加えて混ぜ、ふたをして弱火で15分炊く。火を止めてそのまま10分おく。

Point
にんじんはごはんになじむすりおろしと、具になる細切りのダブル使いで。

材料をフライパンに入れるだけ

缶詰なら下ごしらえなし、骨も気にならないから
子どもにも好評なお魚ごはん

さんま缶とエリンギの
パエリア

材料（約4人分）

米（洗わない）…1½合
さんま水煮缶…2缶（200g）
玉ねぎ…¼個
エリンギ…1パック
にんにくのみじん切り…小さじ1
酒（または白ワイン）…50㎖
オリーブ油…大さじ2
塩、こしょう…各適量

作り方

1
玉ねぎはみじん切りにする。エリンギは長さを半分に切って、縦半分にする。

2
フライパンにオリーブ油とにんにくを入れて火にかけ、香りが立ったら、玉ねぎ、エリンギを炒める。米も入れて、油がなじむまで1分ほど炒める。酒を加えて水分を飛ばし、塩、こしょう、水2カップも加えて全体を混ぜる。さんまを汁ごと入れて並べる。

3
煮立ったら、弱めの中火で10分炊き、ふたをしてさらに弱火で10〜15分炊く。火を止めてそのまま10分おく。好みでくし形に切ったすだちを添え、搾りかけて食べる。

Point
さんまと相性のよいすだちを添えると、さっぱり食べられる。

材料をフライパンに入れるだけ

ほろほろ食感のカリフラワーがやさしい味わいに
よく合います。牛乳との相性もばっちり

とり肉とカリフラワーの
ミルクパエリア

材料（約4人分）

米（洗わない）…2合

　　塩、こしょう…各少々
　　とりもも肉
　　　…小1枚（150g）

カリフラワー…½個

玉ねぎ…50g

にんにくのみじん切り

　…小さじ1

牛乳…2½カップ

塩…小さじ2

こしょう…少々

オリーブ油…大さじ1

Point

好みでこしょうをきか
せると、味がひきしまっ
ておいしい。

作り方

1 とり肉は2〜3cm角に切り、塩、こ
しょうをふる。玉ねぎは薄切りにす
る。カリフラワーは小房に分ける。

2 フライパンにオリーブ油とにんにく
を入れて火にかけ、香りが立ったら、
玉ねぎ、とり肉を加え、玉ねぎがし
んなりするまで炒める。カリフラワ
ーも加えて1分ほど炒め、米も加え
てさらに1分ほど炒める。牛乳を加
える。

3 煮立ったら塩、こしょうをふり、全
体を混ぜ、ふたをして弱火で15分
炊く。火を止めてそのまま15分お
く。好みで粗びき黒こしょうをふる。

材料をフライパンに入れるだけ！

フライパン炊きなら、テクいらずで
パラリとした仕上がりに。
バターの風味がおいしい

えびと枝豆のピラフ

材料（約4人分）

米（洗う）…2合

- むきえび…180g
- 塩…小さじ½
- 片栗粉…大さじ1〜2

冷凍枝豆…150g
玉ねぎ…¼個
バター…20g
塩…小さじ1
こしょう…少々

作り方

1 えびは背わたを除き、塩と片栗粉をまぶしてもむ。洗い流して水けをふく。枝豆は解凍しておく。玉ねぎはみじん切りにする。

2 フライパンにバターを溶かし、玉ねぎとえびを炒め、えびにほぼ火が通ったら、米を加えて混ぜ、水2カップ、塩、こしょうも加える。

3 煮立ったらふたをして弱火で10分炊く。火を止めてそのまま10分おく。枝豆を散らし、好みで粉チーズをふる。

Point

冷凍枝豆は塩けがあるので、気になる人は塩をひかえめに。枝豆の季節は生からゆでた枝豆を使っても。

材料をフライパンに入れるだけ！

フライパンまかせで本格ピラフが完成！
冷凍保存もできる

牛ひき肉のカレーピラフ

材料（約4人分）

米（洗う）…2合
牛ひき肉…100g
玉ねぎ…¼個
にんじん…50g
赤パプリカ…½個
にんにくのみじん切り…小さじ1
しょうがのみじん切り…小さじ1
洋風スープの素（顆粒）
　　…小さじ1
カレー粉…小さじ2
（あれば）ガラムマサラ
　　…小さじ½
塩…大さじ½
黒こしょう…少々
オリーブ油…大さじ1

作り方

1 玉ねぎ、にんじんはみじん切りにする。パプリカは小さめに切る。

2 フライパンにオリーブ油を熱し、にんにく、しょうが、ひき肉、玉ねぎ、にんじん、パプリカを炒める。米を加えて全体に油をなじませる。スープの素、カレー粉、塩、こしょうを加えてかるく混ぜ、水360mℓも加える。

3 煮立ったら全体を混ぜ、ふたをして弱火で10分炊く。火を止めそのまま10分おく。ふたをとり、再度火をつけて強火で水分をとばし、あればガラムマサラを加えて混ぜる。

Point

カレー粉を使っているのですっきりした辛みのピラフに。

材料をフライパンに入れるだけ！

ごはんのカリッと感と
チーズのとろーりがマッチ。
食べごたえしっかりピザ

ライスピザ

材料（直径26cmのフライパン1枚分）

- 温かいごはん
  …茶碗2杯分（300g）
- 粉チーズ…大さじ1
- 塩、こしょう…各少々
- ベーコン…2枚
- 黄パプリカ…½個
- ミニトマト…4個
- ピザ用チーズ…60g
- ピザ用ソース…大さじ3

作り方

1 ベーコンは1.5cm幅に切る。パプリカは長さを半分に切って縦細切りにする。ミニトマトは縦半分に切る。

2 ボウルにごはんと粉チーズ、塩、こしょうを入れて混ぜる。アルミホイル（フライパンで使えるタイプ）を敷いたフライパンに入れて、へらでかるく押しつけながら平らに広げる。ふたをして、弱めの中火で底がカリッとするまで7〜8分蒸し焼きにする。

3 ピザ用ソース（ケチャップでもよい）をぬり、チーズ、ベーコン、パプリカ、ミニトマトを散らす。再びふたをしてチーズが溶けるまで3〜4分蒸し焼きにする。好みでバジルを添えて。

Point
ごはんのカリッとした食感を
楽しめるよう、へらで平らに
広げて。

材料をフライパンに入れるだけ

卵のやさし〜い味わい。
ケチャップをかけたり
チーズを混ぜたりしても

プレーンライスオムレツ

材料（直径**15**㎝のフライパン**1**枚分）
温かいごはん…茶碗1杯強（180g）
卵…2個
塩…小さじ⅓
油…大さじ1

作り方

1 ボウルに卵を溶きほぐし、ごはんと塩を入れて混ぜる。

2 フライパンに油を熱し、**1**を入れて4分ほど、下の面がかたまるまで
焼く。皿をかぶせてフライパンを返して皿にのせ、すべらせるように
してフライパンにもどす。もう片面も4分ほど焼く。食べやすく切る。

Point
返すときにくずれやすいので、
皿を使うと失敗しない。

ボリュームたっぷりのアレンジバージョン。
まちがいなしのおいしさ！

豚キムチのライスオムレツ

材料（直径15cmのフライパン1枚分）

温かいごはん
　…茶碗1杯強（180g）
卵…2個
　┌ 豚バラ薄切り肉…50g
　│ 白菜キムチ…50g
　└ ごま油…小さじ2
塩、こしょう…各少々
ごま油…大さじ1

作り方

1 豚肉、キムチは食べやすく切る。フライパンにごま油を熱し、炒める。

2 ボウルに卵を溶きほぐし、ごはん、**1**、塩、こしょうを入れて混ぜる。

3 きれいなフライパンにごま油を熱し、**2**を入れて4分ほど、下の面がかたまるまで焼く。皿をかぶせてフライパンを返して皿にのせ、すべらせるようにしてフライパンにもどす。もう片面も4分ほど焼く。食べやすく切る。好みで斜め切りにした青ねぎを添える。

Point

キムチの辛さが卵でマイルドになる。

火を使わずに作れるカルボナーラパスタのごはん版。
半熟卵がごはんにからむ

カルボナーラごはん

材料（1人分）

ごはん（熱いもの）
　…茶碗1杯強（180g）

ベーコン…1枚

卵…1個

牛乳、粉チーズ…各大さじ1

塩…少々

粗びき黒こしょう…適量

作り方

1 ベーコンは5mm幅に切って耐熱皿に並べ、ラップをせずに電子レンジで約30秒加熱する。

2 ボウルに卵を溶きほぐし、**1**、牛乳、粉チーズ、塩を入れてよく混ぜ、ごはんを加えてさらに混ぜる。器に盛り、こしょうをふる。

Point

ごはんは炊きたてのものか、温めてから使う。

ごはんで作るお手軽リゾット。
トマトの酸味で
さっぱりとした仕上がりに

クリーミートマトリゾット

材料（2～3人分）

冷やごはん…200g
ベーコン…4枚
ズッキーニ…½本
トマト…1個
牛乳…150㎖
粉チーズ…大さじ2
オリーブ油…小さじ1
塩、こしょう…各少々

作り方

1 ベーコンは5㎜幅に切る。ズッキーニは薄い輪切りにする。トマトはざく切りにする。

2 フライパンにオリーブ油を熱し、ベーコンを入れてよく炒める。ズッキーニとトマトを加えて炒める。ごはん、牛乳を加え、ごはんをほぐしてかき混ぜながら、約2分煮る。粉チーズを加え、塩、こしょうで味を調える。

Point
かるくとろみがついたらOK。煮込みすぎに気をつけて。

おかずに合わせる
ライスメニュー

春菊ごはん

材料と作り方（約4人分）

1 塩小さじ1を加えた湯1ℓに春菊½わの根元部分を入れて20〜30秒ゆでる。葉の部分も湯に入れ、さらに10〜20秒ゆでる。冷水にとってさまし、水けをしぼって5mm幅くらいに細かく刻む。

2 炊きたてのごはん2合分に春菊と塩小さじ½を加えて混ぜる。

混ぜる
だけ

X（Twitter）で反響が
大きかったメニュー。
\ ほろ苦さが大人の味 /

【合う料理】
肉じゃが、豚の角煮、しょうが焼き、ぶり大根、焼き魚など
ひき肉そぼろ、クリームチーズ、刻んだたくあんなどと合わせ、おにぎりにしてもおいしい。

ステーキにパセリバターライスを添えるように
主菜に合わせてごはんにひと味プラスしてみませんか。

ミニトマトライス

材料と作り方（約4人分）

1 炊飯釜に洗った米2合分、ミニトマト10〜15個、塩小さじ½、洋風スープの素（顆粒）小さじ½、オリーブ油小さじ1を入れて、2合の目盛りまで水を加えて炊く。

2 炊き上がったら、トマトをつぶすようにさっくり混ぜる。

材料を
炊飯器に
入れるだけ

トマトのほのかな
酸味が
こってりおかずと
相性よし

【合う料理】
グリルチキン、白身魚のクリーム煮、酢豚、にら玉など

ターメリックライス

材料と作り方（約4人分）

1 炊飯釜に洗った米2合分、ター
メリック小さじ⅓、洋風スープの
素（顆粒）小さじ½、塩小さじ½、
こしょう少々、油小さじ1を入れ、
2合の目盛りまで水を加えてか
るく混ぜてから炊く。

2 炊き上がったらさっくり混ぜる。

カレー用に買った
ターメリックを活用。
洋食に合わせたい
ライス

【合う料理】
鶏肉のトマト煮、ポトフ、
ロールキャベツなど

カレーのときはこれ！
独特の風味が
肉料理にもよく合う

【合う料理】
カレー、ドライカレー、
牛ステーキ、ハンバーグ
など

香菜ライス

材料と作り方（約4人分）

1 塩小さじ1を加えた湯1ℓに香菜
30gの根元部分を入れて10秒ほ
どゆでる。葉の部分も湯に入れ、さ
らに10秒ほどゆでる。冷水にとっ
てさまし、水けをしぼって5mm幅く
らいに細かく刻む。

2 炊きたてのごはん2合分に香菜と
塩小さじ½を加えて混ぜる。

電子レンジで
超速パックごはん

炊く時間がなくても、
ほかほかごはんが食べられる
パックごはん。
おかずになる材料を
のせてレンチン、で
クイック一皿メニューに。
1人でランチ、
大急ぎで夕飯を
作らなければならない、
そんなときにもぴったりです。

みんな大好きな
カレーとチーズの組み合わせ。
こしょうをふればさらにスパイシー

ツナカレードリア

材料と作り方（1人分）

1 パックごはん1個を表示時間通りに電子レンジで加熱する。

2 ごはんにツナ缶½缶（35g）、カレー粉小さじ1、洋風スープの素（顆粒）、塩、こしょう各少々を加えてムラなく混ぜる。表面にマヨネーズ適量をぬり、ピザ用チーズ20g、食べやすく切ったいんげん2本分をのせる。

3 ラップをふんわりかけて、電子レンジで約1分半加熱する。好みで粗びき黒こしょうをふる。

Point
電子レンジの加熱時間は、チーズの溶けぐあいなどを見ながら加減して。

電子レンジでチンするだけ

レンチンするだけで、
ケチャップライス＆卵の
オムライスができあがり

いきなりオムライス

材料と作り方（1人分）

1 パックごはん1個を表示時間通りに電子レンジで加熱する。

2 ごはんにケチャップ大さじ1と、塩、こしょう各少々を加えてムラなく混ぜる。表面にマヨネーズ適量を塗り、まん中をくぼませる。溶き卵1個分を流し入れ、小さく切ったソーセージ1本分と凍ったままの冷凍ミックスベジタブル大さじ1をのせる。

3 ラップをふんわりかけて、電子レンジで約2分半加熱する。

電子レンジでチンするだけ

Point
溶き卵があふれないように、ごはんのまん中を少しくぼませてから流し入れて。

牛乳を混ぜたごはんが、
しっとりとリゾット風。
できたてを食べて

ミルクリゾット

材料と作り方（1人分）

1 パックごはん1個を表示時間通りに電子レンジで加熱する。

2 ごはんに洋風スープの素（顆粒）少々、牛乳大さじ3を回しかけて混ぜる。塩、こしょう各少々をふってピザ用チーズ30gを広げる。細切りにしたベーコン1枚分と食べやすく切ったしめじ5本分をのせる。

3 ラップをふんわりかけて、電子レンジで約1分半加熱する。

＼電子レンジでチンするだけ／

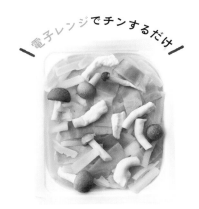

もんじゃ焼きをヒントにした
絶対おいしい組み合わせ。
もちのとろりがたまらない

明太もちチーズごはん

材料と作り方（1人分）

1 パックごはん1個を表示時間通りに電子レンジで加熱する。切りもち1個は小さい角切りにし、水に5分ほどつける。

2 ごはんに牛乳大さじ3を回しかけ、洋風スープの素（顆粒）少々をふって混ぜる。せん切りにしたキャベツ20gを広げてのせ、塩、こしょう各少々をふり、ピザ用チーズ25g、水をきったもちものせる。食べやすく切った明太子30gものせる。

3 ラップをふんわりかけて、電子レンジで約1分半加熱する。好みで刻みのりをのせて。

Point

もちは小さく切って散らす。やわらかくなるまでレンジ加熱して。

電子レンジでチンするだけ

包丁も火も使わずに
ちゃんと一食になるのが
ピンチのときにうれしい

トマトドリア

材料と作り方（1人分）

1 パックごはん1個を表示時間通りに電子レンジで加熱する。

2 ごはんにトマトジュース（無塩）大さじ3を回しかけ、ツナ缶½缶（35g）、洋風スープの素（顆粒）、塩、こしょう各少々を加えて混ぜる。ホールコーン缶大さじ1、ピザ用チーズ30g、凍ったままの冷凍ブロッコリー適量をのせる。

3 ラップをふんわりかけて、電子レンジで約2分半加熱する。
※ゆでたブロッコリーがあれば、それを使って。

電子レンジで**チンするだけ**

温めたパックごはんに
のせるだけのクイック丼。
コッテリ派には特に好評

コンビーフ丼

材料と作り方（1人分）

1 パックごはん1個を表示時間通りに電子レンジで加熱する。

2 コンビーフ缶½缶（40g）をほぐしてごはんに広げてのせ、マヨネーズ適量をしぼりかける。卵黄1個分をまん中に落とし、いり白ごま、青ねぎの小口切り各適量をふる。好みでしょうゆをかけて、全体を混ぜて食べる。

市販のおそうざいにひと手間で
さくさくカツにとろーり卵の
カツ丼仕立てに

いきなりカツ丼

材料と作り方（1人分）

1 パックごはん1個を表示時間通りに電子レンジで加熱する。

2 ごはんのまん中をくぼませ、溶き卵1個分を流し入れる。薄切りにした玉ねぎ25gをのせる。

3 食べやすく切ったトンカツ小1枚をのせ、ラップをふんわりかけて、電子レンジで約2分半加熱する。好みで三つ葉をあしらう。めんつゆ（ストレート）大さじ2をかけて食べる。

Point

卵のかたまりぐあいを見ながら、
レンジ加熱の時間を調整して。

電子レンジでチンするだけ

焼きとりは
お好みのものでOK。
たれのちょい足しで
白いごはんが
ますますすすむ

焼きとり丼

材料と作り方（1人分）

1 パックごはん1個を表示時間通りに電子レンジで加熱する。

2 ごはんにねぎま串2本をのせ、焼き肉のたれ大さじ1を回しかける。

3 ラップをふんわりかけて電子レンジで約30秒加熱する。一味唐辛子適量をふる。好みでごはんの上に刻みのりをのせたり、ゆずこしょうを添えてもおいしい。

電子レンジでチンするだけ

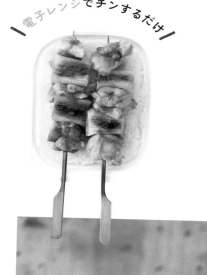

シンプルだけど
あとをひく
和洋折衷の組み合わせで
お酒もすすむ一品に

おかか
カマンベール
ごはん

材料と作り方（1人分）

1 パックごはん1個を表示時間通りに電子レンジで加熱する。

2 ごはんに削りがつお適量をふり、カットしたカマンベールチーズ4切れをのせる。

3 ラップをふんわりかけて、電子レンジで約1分加熱する。しょうゆ適量を回しかけ、好みで粗びき黒こしょうをふっても。

電子レンジでチンするだけ

最後にかける
甘酢あんで
ぐっと天津飯らしくなる。
あんも電子レンジでOK

いきなり天津飯

材料と作り方（1人分）

1 パックごはん1個を表示時間通りに電子レンジで加熱する。

2 溶き卵1個分にほぐしたかにかまぼこ2本分、マヨネーズ小さじ1を入れて混ぜ合わせる。ごはんのまん中をくぼませて卵液を流し入れ、凍ったままの冷凍グリーンピース適量を散らす。ラップをふんわりかけて電子レンジで約1分加熱する。

3 耐熱容器に水50mℓ、砂糖小さじ2、とりガラスープの素小さじ½、酢、片栗粉各大さじ1を入れてよく混ぜ、電子レンジで約30秒、とろみがつくまで加熱して甘酢あんを作る。**2**にかける。

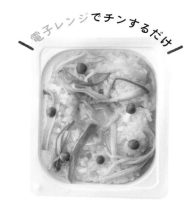

電子レンジでチンするだけ

市販のコロッケが
子どもも喜ぶドリアに
変身。
ケチャップで
楽しくデコって

コロッケドリア

材料と作り方（1人分）

1 パックごはん1個を表示時間通りに電子レンジで加熱する。

2 ごはんに牛乳大さじ3を回しかけ、塩、こしょう各少々をふって混ぜる。ピザ用チーズを広げてのせ、コロッケ1個とくし形に切ったミニトマト4個分をのせる。

3 ラップをふんわりかけて、電子レンジで1分半加熱する。ケチャップ適量を絞りかけて、好みでパセリを散らす。

電子レンジでチンするだけ

ごはんがすすむ！
ちょいのせアイディア

韓国のりで
変化がつきます

韓国風味つけ卵

半熟ゆで卵を3時間〜半日めん
つゆ（3倍濃縮）に漬ける。半分に
切って、刻んだ長ねぎ、ちぎった
韓国のりとともにごはんにのせ
る。卵をくずしながら食べる。

ねばねば素材を
ダブルで

オクラ入りとろろ

オクラはゆでて、薄い小口切りにする。
すりおろした長いもとあえ、めんつゆ
（3倍濃縮）少々をたらす。ごはんにか
け、お好みで削りがつおを添えて。

簡単、うまいで言うことなし！

青ねぎおかか

青ねぎを小口切りにして、削り
がつおとしょうゆであえる。

ごはんをこよなく愛する米穀部メンバーが、
「これをのせるとごはんがすすむ！」という
とっておきを紹介します。

豆腐ねこまんま

炊きたてのごはんに絹ごし豆
腐（充てん豆腐がおすすめ）を
のせ、いり白ごま、削りがつお
ものせてしょうゆをかける。全
体を混ぜて食べる。

えごまの葉のしょうゆ漬け

しょうゆ大さじ4、ラー油小さじ1、いり
白ごま小さじ1、おろしにんにく小さじ
¼をバットに合わせ、えごまの葉20〜
30枚を漬けて冷蔵室で2時間ほどおく。

みそ納豆

ひきわり納豆に、刻んだ長ねぎ、
削りがつお、みそ、一味唐辛子、
おろしにんにくを混ぜる。好みで
ラー油をたらし、ごはんにのせる。

卵かけごはんの
新バージョン

TKG のらっきょのせ

島らっきょうの塩漬け（または
らっきょうの塩漬け）を細かく
刻み、しょうゆひかえめの卵か
けごはんにのせる。

大根おろしは
偉大です

さっぱり塩辛

塩辛に大根おろしをのせる。塩
辛に刻んだ青じそを混ぜてもお
いしい。ごはんにのせ、好みで
ゆずこしょうやコチュジャン、
おろししょうがを添えても。

この2つが相性抜群

枝豆塩昆布

塩ゆでした枝豆（または冷
凍枝豆）をさやから出し、
塩昆布であえる。ごはんに
のせる。

5章

ちゃんとバランス献立

おにぎりと
みそ汁・スープ

ボリュームたっぷりの
おにぎりと具だくさんの汁もので大満足の一食に。
おにぎりにすると子どもも大人も
パクパク食べられるから、
出かけるときに限らず、
ふだんから献立にとり入れてみては？

ごはんがすすむ干ものと
歯ごたえがアクセントになるきゅうり。
みそ汁で根菜ときのこをプラスして

あじときゅうりの
おにぎり

材料（2個分）
温かいごはん…茶碗かるく2杯分（200g）
あじの干もの…（小）1枚
きゅうり…½本
赤じそふりかけ…小さじ2
塩…少々

作り方

1 あじの干ものは焼いて骨を除き、ほぐす。きゅうりは薄い小口切りにして塩もみし、汁けをしぼる。

2 ごはんにふりかけを混ぜ、あじ、きゅうりも加えて混ぜる。三角ににぎり、好みで青じそを巻く。

なめこと大根、にんじんのみそ汁

材料と作り方（2人分）

1 なめこ1袋（100g）はさっと水で洗い、ざるに上げる。にんじん20g
は薄い輪切りにする。大きければ半分に切る。大根100gはおろして
汁けをきり、汁はとっておく。

2 鍋に大根のおろし汁とだし汁合わせて1½カップとにんじんを入れ、
ふたをして約2分煮る。

3 **2**になめこを加えてひと煮立ちさせ、みそ大さじ1½を加えて溶き、
おろした大根を加える。

甘辛い豚肉と紅しょうががマッチしたおにぎりは
食べごたえ充分のボリューム感。
みそ汁には焼き肉に添えるような野菜をたっぷり入れて

肉巻き紅しょうが
おにぎり

材料（2個分）

温かいごはん
　…茶碗かるく2杯分（200g）
　　豚ロース薄切り肉…3〜4枚
　　塩、こしょう…各少々

紅しょうが…20g
焼き肉のたれ…大さじ2強
油…少々

作り方

1　ごはんに刻んだ紅しょうがを入れて混ぜ、俵型ににぎる。

2　**1**のおにぎりに塩、こしょうをふった豚肉を巻く。

3　油をひいたフライパンで**2**を焼き、豚肉に火が通ってこんがりと
　　焼き目がついたら、焼き肉のたれをからめる。好みでいり白ごま
　　をふる。

Point
火が通りやすいように、豚
肉は端から重なりすぎない
ように巻いていく。

玉ねぎとピーマンのみそ汁

材料と作り方（2人分）

1　玉ねぎ¼個、ピーマン½個は薄切りにする。

2　鍋にだし汁1½カップと玉ねぎを入れて、ひと煮立ちさせる。

3　**2**にみそ大さじ1½を入れて溶き、ピーマンを加えてかるく火を通す。

切り身をどーんとのせて
主菜級のおにぎりに。
ゆずこしょうをきかせると◎

さばおにぎりと
鮭おにぎり

材料（2個分）

温かいごはん
　…茶碗かるく2杯分（200g）
さばの塩焼き…1切れ

（あれば）ゆずこしょう
　…小さじ⅓
青じその葉…2枚

作り方

1 さばは半分に切る。ごはんにゆずこしょうを混ぜ、三角ににぎる。

2 おにぎりに青じそ、さばの順にのせ、ラップで包んでなじませる。
※鮭のおにぎりは鮭の塩焼き1切れを半分に切り、ゆずこしょうの代わりに白ごま小さじ2をごはんに混ぜ、同様に作る。

Point

ラップを使って魚をおにぎりに密着させると、食べやすくなる。

じゃがいもとねぎのみそ汁

材料と作り方（2人分）

1 じゃがいも1個は半月切り、長ねぎ¼本は斜めは薄切りにする。

2 鍋にだし汁1½カップとじゃがいもを入れ、ふたをして約3分煮る。

3 みそ大さじ1½を加えて溶き、ねぎを加えてひと煮立ちさせる。

保存容器に材料を重ねていくだけで
うまく形が作れる。
野菜スープで栄養バランスもよし

スパムおにぎらず

材料（2個分）

温かいごはん…80g
スパム…約8mm厚さ・2枚
薄焼き卵…約7×4cm・2枚

ズッキーニ…輪切り4枚（⅙本分）
焼きのり…適量
油…少々

作り方

1 スパム、ズッキーニは油をひいたフライパンで焼く。

2 7×3×3cmくらいの小さい保存容器にのりを長い辺
からはみ出すように敷き、ズッキーニ2枚、スパム1枚、
薄焼き卵1枚の順にのせ、ごはんの半量を詰めて、は
み出たのりで巻く。
※薄焼き卵の代わりにスクランブルエッグを使うと、
より手軽に作れる。

Point

保存容器はスパムがちょう
ど入る大きさがベスト。

ブロッコリーとコーンのスープ

材料と作り方（2人分）

1 ブロッコリー½個弱は小房に分ける。

2 鍋に水1½カップと洋風スープの素（顆粒）小さじ1を入れて火にかけ、煮立ったらブロッコリーを加えて約1分煮る。ホールコーン缶大さじ3も加えて温め、塩、こしょう各少々で味を調える。

かわいく映える仕上がりは
子どもの遠足や運動会にもおすすめ。
凝ってみえるわりに作り方は簡単

パカッとおにぎり

材料（4個分）

温かいごはん…160g　　　サラダ菜（またはサンチュ、レタスなど）
スライスチーズ…1枚　　　　…1枚
ハム…1枚　　　　　　　　焼きのり…大1枚

作り方

1 チーズ、ハム、サラダ菜、のりは4等分に切る。ごはんを4等分
にして丸くにぎる。

2 ラップにのり、チーズ、ハム、サラダ菜を重ね、その上におにぎ
りをのせる。のりを巻き、ラップで包んで形をととのえる。

3 ラップをはずして、十字に切り目を入れる。切れ目のまん中に刻
んだたくあんをのせてもかわいい。

Point

のりは外側から内側に向
かって放射状に8本くら
い切り目を入れておく
と、包みやすくなる。

おろしトマトのスープ

材料と作り方（2人分）

1　トマト小1個はすりおろす。いんげん2本は長さを4等分にする。

2　鍋に水150㎖、とりガラスープの素小さじ½を入れて煮立て、いんげんを加えてかるく火を通す。おろしトマトを入れ、かき混ぜながらひと煮して、塩、こしょう各少々で味を調える。

一口大に小さくにぎる韓国風おにぎり。
飲んだあとの締めのごはんにも！
スープにはわかめを入れて

チュモッパ

材料（3～4個分）

温かいごはん
　…茶碗かるく2杯分（200g）
ツナ缶…大さじ1
たくあん…20g

青じその葉…3枚
韓国のり…5枚
いり白ごま…小さじ2

作り方

1 たくあんは細かく刻む。青じそはせん切りにする。韓国のりは小さくちぎる。

2 ごはんに油をきったツナと**1**、白ごまを混ぜて、丸くにぎる。

わかめ、レタス、オクラのスープ

材料と作り方（2人分）

1 レタス1枚は食べやすい大きさにちぎる。オクラ1本は小口切りにする。

2 鍋に水1½カップと乾燥わかめ小さじ2、とりガラスープの素小さじ1を入れて火にかける。煮立ったらオクラを入れ、再び煮立ったらレタスを加えてかるく火を通し、しょうゆ、こしょう各少々で味を調える。

洋風のクリームチーズに
ふりかけ、おかかの和素材がよく合う。
おやつにも、おつまみにも

クリチおにぎり

材料（2個分）

温かいごはん
　…茶碗かるく2杯分（200g）
クリームチーズ…30〜40g

赤じそふりかけ…小さじ⅔
削りがつお…小1袋（1g）
しょうゆ…小さじ2

作り方

1 クリームチーズは手で小さくちぎる。削りがつおをしょうゆであえる。

2 ごはんを半分に分け、ふりかけと削りがつおをそれぞれに混ぜる。クリームチーズ半量ずつも加えて混ぜ、三角ににぎる。

Point

クリームチーズはごはんがさめてきたくらいのタイミングで入れると、溶けずにきれいに仕上がる。

ハム、にら、もやしのスープ

材料と作り方（2人分）

1　ロースハム1枚は半分に切ってから、1cm幅に切る。にら1本は4cm長さに切る。

2　鍋に水1½カップととりガラスープの素小さじ1を入れて煮立て、もやし⅕袋（40g）、ハムを入れる。ひと煮立ちしたらにらを加え、しょうゆ、こしょうで味を調える。

焼きおにぎり

おかかごはんを炊いておにぎりにし、
冷凍庫にストックしておくと便利。
具だくさんのみそ汁を添えて

シンプル
焼きおにぎり

材料（米1合分）
米…1合
削りがつお…½袋（2g）
しょうゆ…大さじ2
みりん…大さじ1

作り方

1 洗った米、しょうゆ、みりん、削りがつおを炊飯釜に入れ、1合の目
盛りまで水を加える。

2 炊き上がったごはんを三角ににぎる。1000Wのオーブントースター
で表面がカリッとするまで焼く。フライパンで両面を3分ずつ焼いて
もよい。仕上げに表面にはけやスプーンなどでしょうゆをぬっても。

大根、ごぼう、油揚げのみそ汁

材料と作り方（2人分）

1 　油揚げ¼枚、大根50g、ごぼう30gは3cm長さの細切りにする。絹さや6枚は斜め半分に切る。

2 　鍋にだし汁1½カップと油揚げ、大根、ごぼうを入れ、ふたをして約4分煮る。

3 　みそ大さじ1½を入れて溶き、絹さやを加えてかるく火を通す。

かぼちゃ、かぶ、さつま揚げのみそ汁

材料と作り方（2人分）

1　かぼちゃ60gは薄切り、かぶ1個は茎を少し残して葉を落とし、くし
　　形切りにする。さつま揚げ（小）2枚は半分に切る。

2　鍋にだし汁1½カップ、かぼちゃ、かぶを入れ、ふたをして約3分煮る。

3　みそ大さじ1½を入れて溶き、さつま揚げを加えてひと煮立ちさせる。

甘辛いみそだれは青じその風味がさわやか。
こんがり焼けた香りがたまりません。
みそ汁のさつま揚げでたんぱく質をプラス

青じその
みそ焼きおにぎり

材料（2個分）

温かいごはん
　　…茶碗かるく2杯分（200g）

みそだれ
　　青じそ…5枚
　　みそ…大さじ1
　　砂糖…小さじ2
　　酒、みりん…各小さじ1
　　いり白ごま…小さじ1

作り方

1 みそだれの青じそはせん切りにし、みそだれの
ほかの材料と混ぜる。

2 ごはんを三角ににぎる。片面にみそだれをぬり、
1000Wのオーブントースターで、たれに少し
焼き目がつくくらいまで、約5分焼く。

ときにはこんなおにぎりはいかが？
パリっと焼けた油揚げがおいしいので
できたてを食べるのがおすすめ

納豆ごはんの
きつね焼きおにぎり

材料（2個分）

温かいごはん…50g   いり白ごま…小さじ1

納豆…1パック（50g）   しょうゆ…小さじ2

油揚げ…1枚

青ねぎの小口切り…2本分

作り方

1 ボウルにごはん、納豆、青ねぎ、ごま、しょうゆを入れて混ぜる。

2 油揚げを半分に切って**1**を詰め、口をつまようじで留める。

3 1000Wのオーブントースターで油揚げにかるく焼き目がつくまで焼く。フライパンで両面を焼いてもよい。

落とし卵とキャベツのみそ汁

材料と作り方（2人分）

1　キャベツ1枚は食べやすい大きさに切る。

2　鍋にだし汁1½カップを入れて火にかけ、みそ大さじ1½を入れてみそを溶かし、キャベツを加えてかるく火を通す。

3　キャベツを鍋の端に寄せ、卵2個をそっと割り入れる。卵が好みのかたさになるまで弱火で煮る。

おにぎりの具のスター・明太子で
焼きおにぎり仕立てに。
豆腐のみそ汁でほっとする献立に

明太マヨ
焼きおにぎり

材料（2個分）

温かいごはん
　…茶碗かるく2杯分（200g）
　│ 明太子…15g
　│ マヨネーズ…大さじ1
　│ しょうゆ…少々

作り方

1　ごはんは平たい丸形ににぎる。

2　薄皮を除いてほぐした明太子とマヨネーズ、
　　しょうゆを混ぜておにぎりの片面にぬる。

3　1000Wのオーブントースターでかるく焼き
　　色がつくまで焼く。好みで白ごまをふる。

小松菜、しめじ、豆腐のみそ汁

材料と作り方（2人分）

1 　小松菜1株は3㎝長さに切り、しめじ¼パックはほぐす。

2 　鍋にだし汁1½カップを入れて煮立て、小松菜、しめじを加えてひと
　　煮立ちさせる。

3 　みそ大さじ2を入れて溶き、絹ごし豆腐½パックを手でちぎり入れ、
　　弱火で豆腐が温まるまで煮る。

バターしょうゆが
香ばしい

焼きおにぎりは
お茶づけも最高!

材料と作り方（1人分）

1 50ページのとうもろこしごはん
を三角ににぎる。フライパンにバ
ター10gを溶かし、おにぎりを両
面こんがりと焼き、しょうゆ小さ
じ½をたらす。

2 器に入れ、好みのお茶適量をかけ
て食べる。

Point

ラップを使って
ごはんをにぎると
まとまりやすくなる。

6章

作りおきのたれでパパっと

白いごはんに
合うおかず

白いごはんをひきたてるおかずも
JA全農米穀部さんに習いましょう。
おすすめは、作りおきのたれで作る
メリハリのある味のおかず。
ピタッと味が決まって失敗なし。
お弁当にも向くメニューです。

こっくりした甘辛味が
トマトでさっぱり味に
仕上がる

トマト肉豆腐

材料（2人分）

牛薄切り肉…200g
もめん豆腐…1丁
トマト…大1個
長ねぎ…½本
春菊…⅓わ
甘辛しょうゆだれ…大さじ7
油…大さじ1

作り方

1 牛肉、豆腐は食べやすい大きさに切る。トマトはくし形切りに、長ねぎは斜め切りにする。

2 フライパンに油を熱し、牛肉をかるく炒める。甘辛しょうゆだれを入れ、豆腐、トマト、長ねぎを加えて煮る。

3 全体に火が通ったら、春菊を加えてひと煮する。

豆板醤やにんにく入りの
パンチのきいた味

甘辛しょうゆだれ

材料（作りやすい分量）

しょうゆ…大さじ6
みりん…大さじ4
砂糖…小さじ4
豆板醤…小さじ2
いり白ごま…大さじ1
ごま油…大さじ2
おろしにんにく…小さじ1（1かけ分）

作り方

材料すべてを小鍋に入れて混ぜ合わせ、ひと煮立ちさせる。粗熱をとり、清潔な保存容器に入れる。

保存
冷蔵室で5日間。

［こんな料理に］

和風のたれよりこっくりめの味わい。煮もののほか、肉や魚の漬け焼きなどにどうぞ。辛みが苦手な人は豆板醤はひかえめにしても。

甘辛しょうゆだれ
でもう1品

いつもの照り焼きがバージョンアップ。
肉感覚のおかずになる

ぶりの照り焼き

材料（2人分）
ぶり…2切れ
ししとう…6本
甘辛しょうゆだれ…大さじ5
油…大さじ1

作り方

1 油を熱したフライパンで、ぶりの両面を焼く。フライパンのあいたところでししとうも焼き、先に器にとり出す。

2 ぶりにほぼ火が通ったら、甘辛しょうゆだれを加え、煮詰めながらぶりにからめる。

3 ぶりを器に盛り、フライパンに残ったたれをかける。好みで白ごまをふる。

カレー味が食欲をそそる！
お弁当にも
喜ばれるおかず

タンドリーチキン

材料（2人分）
とりもも肉…200g
カレーだれ…大さじ2強
油…小さじ2
ベビーリーフ…適量
ミニトマト…適量

作り方

1 とり肉はひと口大に切る。

2 フライパンに油を熱し、とり肉の皮を下にして入れ、ふたをして2分ほど焼く。ふたをとり、返して全体に火が通るまで焼く。カレーだれを加えて全体にからめる。

3 とり肉を器に盛り、ベビーリーフとミニトマトを添える。

うまみのあるみそ味を
ベースにしたやさしい味わい

カレーだれ

材料（作りやすい分量）
みそ…大さじ4
酒…大さじ4
カレー粉…大さじ2
ケチャップ…大さじ2
砂糖…大さじ1
おろししょうが…大さじ1
おろしにんにく…大さじ1

作り方
材料すべてを小鍋に入れて混ぜ合わせ、ひと煮立ちさせる。粗熱をとり、清潔な保存容器に入れる。

保存
冷蔵室で5日間。

［こんな料理に］
とり肉のほか、豚肉、かじきまぐろなどの魚、野菜にも合う。炒めごはんの味つけに使えば、カレーチャーハンやジャンバラヤ風に。

ケチャップベースの
子どもが大好きな味。
薄切り肉でもOK

ポークチャップ

材料（2人分）

豚ロースソテー用肉…2枚（200g）

玉ねぎ…1/4個

しめじ…1/4袋

小麦粉…小さじ1

トマトバーベキューだれ…大さじ2強

油…小さじ2

キャベツのせん切り…適量

作り方

1 玉ねぎは薄切りにする。しめじは手でほぐす。豚肉は脂身と赤身の境目に切り目を何か所か入れ（筋切り）、小麦粉をまぶす。

2 フライパンに油を熱し、豚肉を入れて両面を焼く。フライパンのあいたところに玉ねぎ、しめじも順に入れて炒める。全体に火が通ったら、トマトバーベキューだれを加えてからめる。

3 器に盛り、キャベツと好みでパセリを添える。

洋風のメニューに
幅広く使える

トマト
バーベキューだれ

材料（作りやすい分量）

ケチャップ…大さじ4

ウスターソース
　（または中濃ソース）…大さじ2

酒…大さじ2

砂糖…大さじ2

洋風スープの素（顆粒）…小さじ4

おろしにんにく…小さじ2

作り方

材料すべてをボウルに入れ、混ぜ合わせる。清潔な保存容器に入れる。

保存

冷蔵室で5日間。

［こんな料理に］

肉はもちろん、野菜にもよく合う。おすすめは卵料理。オムレツや目玉焼きにかけてみて。酢を加えると酢豚のたれにもなる。

下味は作りおきの
たれにおまかせ。
パパっとスピーディに
作れます

とりの
から揚げ

材料（2人分）

鶏もも肉…200g

しょうがしょうゆだれ…大さじ2強

片栗粉…大さじ2

揚げ油…適量

作り方

1 とり肉は一口大に切ってポリ袋に入れ、しょうがしょうゆだれを加えてもみ込み、10分以上おく。

2 フライパンに油を深さ1.5cmほど入れて火にかける。とり肉の汁けをかるくきって片栗粉をまぶし、温まった油に入れて火が通るまで揚げ焼きにする。

3 器に盛る。好みでベビーリーフを添えても。

応用範囲の広い
和風だれ

しょうがしょうゆだれ

材料（作りやすい分量）

しょうゆ…大さじ4

砂糖…大さじ2

酒…大さじ2

おろししょうが…大さじ2

作り方

材料すべてを小鍋に入れて混ぜ合わせ、ひと煮立ちさせる。粗熱をとり、清潔な保存容器に入れる。

保存
冷蔵室で5日間。

［こんな料理に］
豚のしょうが焼きのほか、チンジャオロースーなどアレンジは自在。水を加えて煮ものにも。好みでおろしにんにくを加えてもおいしい。

焼いた魚にかけるだけで
おしゃれな一皿に。
添えた野菜にも
たれをつけながら食べて

さわらの
みそマスタード
だれ

材料（2人分）

さわら…2切れ

ブロッコリー…適量

塩…少々

みそマスタードだれ…大さじ2

油…小さじ2

作り方

1 さわらに塩をふり、10〜15
分おく。ブロッコリーは小房
に分けてゆでる。

2 フライパンに油を熱し、汁け
をふいたさわらを両面焼いて
火を通す。フライパンの端で
みそマスタードだれを温める。

3 さわらを器に盛り、みそマス
タードだれをかける。ブロッ
コリーを添える。

洋風にアレンジした
大人味

みそマスタードだれ

材料（作りやすい分量）

みそ…大さじ4

はちみつ…大さじ2

酢…大さじ2

オリーブ油…大さじ2

粒マスタード…大さじ2

塩…少々

作り方

材料すべてをボウルに入れ、混ぜ合
わせる。清潔な保存容器に入れる。

保存
冷蔵室で5日間。

［こんな料理に］
みそに粒マスタードや
オリーブ油がマッチ。焼
いた肉や野菜にからめ
るだけでワンランク上
の味に。回鍋肉（ホイコ
ーロー）にも。

長いもの食感が
アクセントになるので
粗く切ってOK

みそマスタード
だれ
でもう1品

シャキシャキつくね

材料（2人分）

とりひき肉…160g
長いも…5㎝
長ねぎ…10㎝
ピーマン…1個

片栗粉…小さじ2
塩…ひとつまみ
みそマスタードだれ…大さじ2強
油…小さじ2

作り方

1 長いも、長ねぎは粗みじん切りにする。ピーマンは縦4〜6等分に切る。

2 ボウルにとりひき肉と長いも、長ねぎ、片栗粉、塩を入れてよく練り混ぜ、6等分にして小判形のつくねにまとめる。

3 フライパンに油を熱して弱めの中火にし、つくねを入れる。ふたをして2〜3分蒸し焼きにし、ふたをとって返す。フライパンのあいたところでピーマンを炒めて塩少々（分量外）をふり、先に器に取り出す。

4 つくねに火が通ったら、みそマスタードだれを加えてからめ、器に盛る。

いつもの肉じゃがが
さわやか味に。
塩麹のうまみもきいている

塩麹レモン
肉じゃが

材料（2〜3人分）
豚こま切れ肉…100g
じゃがいも…2個
玉ねぎ…½個
塩麹レモンだれ…大さじ4
油…小さじ2

作り方

1 じゃがいもは、1cm厚さのいちょう切りに、玉ねぎは食べやすい大きさに切る。

2 フライパンに油を熱し、豚肉を炒める。半分くらい火が通ったらじゃがいもと玉ねぎを加えて炒め合わせる。

3 全体に油が回ったら、塩麹レモンだれと水1カップを加え、ふたをして5分ほど煮る。

さっぱり味がほしいときに
頼りになる

塩麹レモンだれ

材料（作りやすい分量）
塩麹…大さじ6
砂糖…大さじ2
レモン汁…大さじ2
オリーブ油…大さじ2

作り方
すべての材料をボウルに入れて混ぜる。清潔な保存容器に入れる。

保存
冷蔵室で5日間。

［こんな料理に］
食欲がないとき、さっぱりした料理が食べたいときに、ふだんの味つけと変えてこのたれを使ってみて。おろしにんにくをプラスすればがっつり味にも応用できる。

もう1品
ほしいときの
サブおかず

切る
だけ

のりのつくだ煮チーズ

クリームチーズを角切りにして、
のりのつくだ煮をのせ、あえて
食べる。

クリームチーズが
おかずになる

わさびをきかせると
大人味に

アボカドソーセージ

魚肉ソーセージとアボカドを
食べやすく切り、しょうゆと
わさびであえる。

ごはんのある食卓にぴったりの副菜。
すぐ作れるのがうれしい、おすすめおかずです。

材料2つ、
調味料もいりません

長いものなめたけあえ

長いもはせん切りにし、なめ
たけとあえる。

さっぱりしていて
食がすすみます

もずくかけトマト

くし形切りにしたトマトに、
もずく酢をかける。

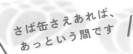

さば缶と玉ねぎのサラダ

さば水煮缶をほぐして器に盛る。薄切りにして水にさらし、水けをきった玉ねぎをのせる。好みでマヨネーズをかけて食べる。新玉ねぎの季節なら新玉ねぎを使って。

切る
だけ

かんたんなのに
凝ったおかず風

さば缶のユッケ風

さば水煮缶をよくほぐして器に盛る。きゅうり、みょうが、しょうがのせん切りをのせ、卵黄を落とす。全体をよく混ぜて食べる。好みでごま油をかけても。

だし

なす1個、キュウリ1本、青じそ
4枚、みょうが1個、かるくゆで
たオクラ3本は細かく刻む。ボ
ウルに白だし大さじ2、水½カ
ップ、しょうゆ大さじ½を合わ
せ、刻んだ野菜といり白ごま大
さじ½、味つきめかぶ1パック
(35g)、削りがつお適量を入れ
て混ぜる。

ひと手間
で
絶品

常備菜にしたい
ほっとする味

ピーマンじゃこ炒め

ピーマン5個をせん切りにする。
フライパンにごま油少々を熱し、
強めの中火でピーマンを炒め、
しんなりしたらちりめんじゃこ
50gを入れて中火にし、かるく
炒め合わせる。しょうゆ、砂糖
各大さじ1、みりん小さじ1を
加えてからめ、いり白ごま適量
をふる。

好みのお米を見つけて

全国の自慢のお米
食味
マップ

甘

しっかり
（かため）

あっさり

栃木県
とちぎの星

新潟県
新之助

岡山県
きぬむすめ

石川県
ひゃくまん穀

佐賀県
さがびより

岩手県
銀河のしずく

滋賀県
みずかがみ

島根県
きぬむすめ

奈良県
ひのひかり

香川県　おいでまい

鹿児島県　あきほなみ

山形県
雪若丸

鳥取県
星空舞

京都府
京式部

千
粒

和歌山県
きぬむすめ

埼玉県
彩のきずな

群馬県
利根きらり

岐阜県
美濃ハツシモ

三重県
結びの神

茨城県
ふくまる

青森県
青天の霹靂

山口県
恋の予感

富山県
富富富

い

高知県
よさ恋美人

福島県
福、笑い

福井県
いちほまれ

秋田県 あきたこまち

山梨県
梨北米こしひかり

北海道
ゆめぴりか

宮城県 だて正夢

静岡県
静岡そだち

愛知県
愛ひとつぶ

熊本県
くまさんの輝き

徳島県
あきさかり

大阪府
ひのひかり

神奈川県 はるみ

兵庫県
ひのひかり

長崎県
なつほのか

福岡県
めし丸
元気つくし

愛媛県 にこまる

宮崎県
ひのひかり

も
ち
も
ち
（やわらかめ）

大分県
ひのひかり

広島県
あきろまん

沖縄県
ひとめぼれ

東京都
キヌヒカリ

長野県
風さやか

全国47都道府県の
自慢の銘柄米を掲載。
それぞれのお米が
どんな味と食感なのかが
一目でわかります。

・さっぱり

北海道・東北	関東甲信越
東海・北陸	近畿
中国・四国	九州・沖縄

おわりに
ＪＡ全農米穀部からのメッセージ

お米は、何十年間にもわたって毎日、毎食、食べても飽きない最高の食材です。そして、あらゆるおかずが「ごはんのお供」になります。自分好みのおかずに出会ってしまったら、ごはんを無限に食べてしまう誘惑と戦わねばならない、最強で無敵な食材です。ホカホカのごはんを、お箸でガッツリかき込む幸せ。いやされたり、ホッとしたり、そして笑顔になれます。お米で日本中を笑顔にすることが、私たちＪＡ全農米穀部の願いです。

さらにお米を楽しむための参考にしていただけるよう、全国の代表的なお米をまとめた食味マップを156ページに掲載しています。日本で栽培されている主食用のお米の銘柄は、約320種類もあります。産地や銘柄によって、食感やうまみ、甘みなど味と香りの違いがあるので、料理に合わせてお米を選んだり、自分の好きなタイプのお米を探してみてください。

日本人にとってお米は身近な存在で、まさに"NO RICE NO LIFE"。だから、あらためてお米について考えることは少ないかもしれません。日本人のお米の消費量はピーク時の半分ほどまで減り、お米を作る農家さんも減っています。私たちは農家のみなさんがこの先も安心して、誇りをもってお米作りを続けられるような環境・仕組みづくりに取り組み、少しでも手助けができれば、と考えています。

栄養価が高く、何よりおいしい日本のお米をこれから先もずっと食べ続けてほしい、という想いを本書に込めました。そして、「お米がある笑顔がいっぱいの食卓」を目指して、これからもお米にまつわるレシピや情報を発信していきます。

JA全農米穀部

JA全農（全国農業協同組合連合会）米穀部の仕事は、農家のみなさんが丹精込めて作ったお米を、米卸売業者、米加工メーカー、レストランやスーパーマーケットなどを通じて消費者のみなさんに届けること。お米を作る農家が減る中で、この先も安心してお米を作り続けてもらえるように、経営の手助けをしている。そのために、販売先をみつけたり、パックごはん等の新しい商品の開発・販売も行っている。また、お米の消費を促進する取り組みもしていて、その一つがお米について知ってもらうこと。X（Twitter）やWEBサイトなどを通して、お米を使ったレシピをはじめ、お米にまつわる豆知識など、多くの情報を発信している。

X（Twitter） ▶ @noricenolife17

肉も野菜もまとめどり！
ＪＡ全農米穀部さんのかんたん健康ごはん

2023年10月30日　初版発行
2023年11月30日　再版発行

監修　　ＪＡ全農米穀部
発行者　山下直久
発行　　株式会社ＫＡＤＯＫＡＷＡ
　　　　〒102-8177
　　　　東京都千代田区富士見2-13-3
電話　　0570-002-301（ナビダイヤル）

印刷所／大日本印刷株式会社
製本所／大日本印刷株式会社

●お問い合わせ
https://www.kadokawa.co.jp/（「お問い合わせ」へお進みください）
※内容によってはお答えできない場合があります。
※サポートは日本国内のみとさせていただきます。
※Japanese text only

定価はカバーに表示してあります。